Indianer

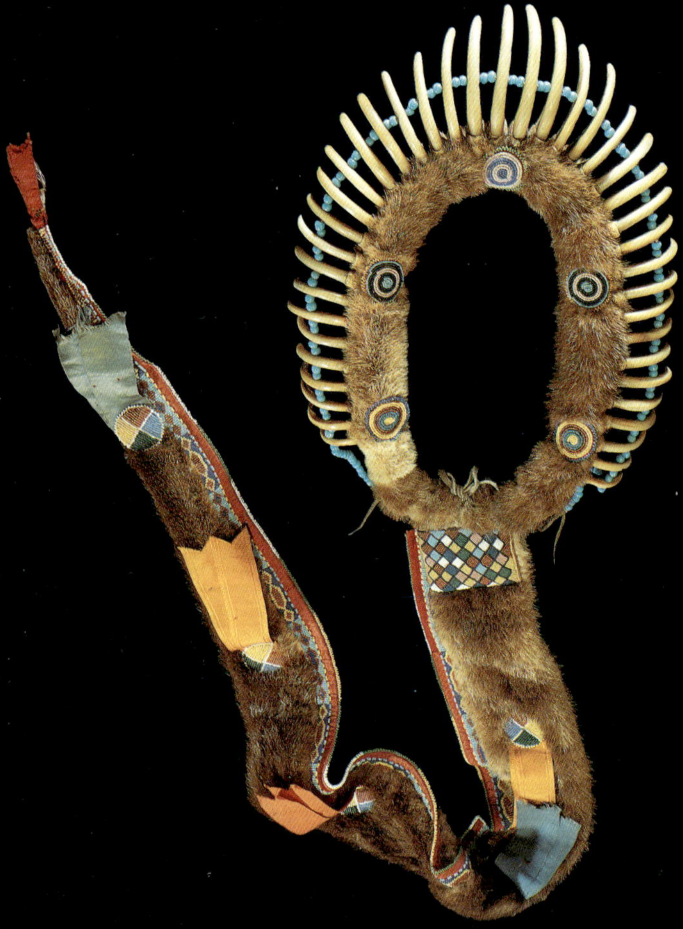

Symbole der Kulturen

Indianer

arsEdition

DIE UREINWOHNER NORDAMERIKAS

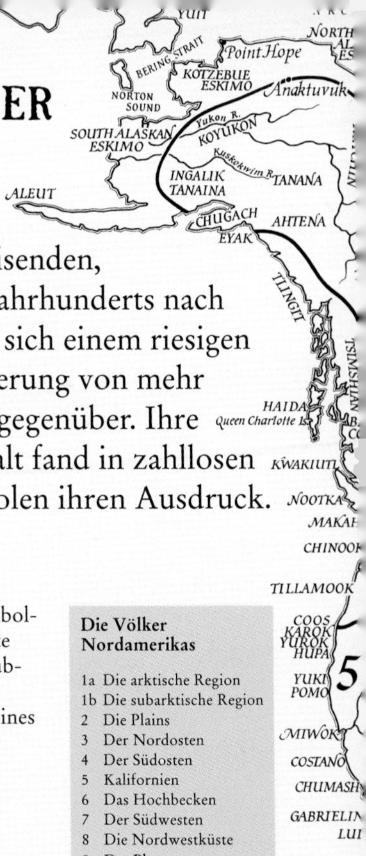

Die ersten europäischen Forschungsreisenden, die Anfang des 16. Jahrhunderts nach Nordamerika kamen, sahen sich einem riesigen Kontinent mit einer Bevölkerung von mehr als einer Million Menschen gegenüber. Ihre einzigartige kulturelle Vielfalt fand in zahllosen Legenden, Riten und Symbolen ihren Ausdruck.

Links: Die symbolhaft verkörperte Macht von Raubvögeln: Federkopfschmuck eines Häuptlings der Plains.

Die Völker Nordamerikas

- 1a Die arktische Region
- 1b Die subarktische Region
- 2 Die Plains
- 3 Der Nordosten
- 4 Der Südosten
- 5 Kalifornien
- 6 Das Hochbecken
- 7 Der Südwesten
- 8 Die Nordwestküste
- 9 Das Plateau

POLAR ESKIMO
GREENLAND
EAST GREENLAND ESKIMO
WEST GREENLAND ESKIMO
COPPER ESKIMO
HARE
CENTRAL ESKIMO
BAFFINLAND ESKIMO
Cape Dorset
1a
DOGRIB
YELLOWKNIFE
CARIBOU ESKIMO
SLAVE
HUDSON BAY
LABRADOR ESKIMO
NASKAPI
CHIPEWYAN
BEAVER
MONTAGNAIS
BEOTHUK
SARSI
1b
SWAMPY CREE
CREE
PLAINS CREE
PLAINS OJIBWA
OJIBWA
MICMAC
BLACKFOOT
ASSINIBOIN
ALGONQUIN
ABNAKI
Missouri R.
MANDAN
PENOBSCOT
HIDATSA
OTTAWA
YANKTONAI DAKOTA
MENOMINEE
HURON
MASSACHUSET
ARIKARA
CROW
FOX
WINNEBAGO
IROQUOIS
MAHICAN
PEQUOT
TETON DAKOTA
YANKTON DAKOTA
SANTEE DAKOTA
POTA-WATOMI
DELAWARE
SHOSHONE
CHEYENNE
SUSQUEHANNOCK
OMAHA
IOWA
ERIE
NANTICOKE
6
PAWNEE
3
MIAMI
TUTELO
VIRGINIA ALGONQUIAN
ARAPAHO
MISSOURI
ILLINOIS
2
UTE
Colorado R.
SHAWNEE
NORTH CAROLINA ALGONQUIAN
KANSA
NAVAJO
CHEROKEE
TUSCARORA
HOPI
TANO
OSAGE
CATAWBA
YUCHI
KIOWA
Salt R.
KERESAN
COMANCHE
CHICKASAW
ZUNI
Mississippi R.
WICHITA
CREEK
YAVAPAI
MARICOPA
TANO
CADDO
CUSABO
CHOCTAW
PIMA
APACHE
4
NATCHEZ
7
PAPAGO
TONKAWA
BILOXI
Rio Grande
Pecos R.
TIMUCUA
ATAKAPA
CHITIMACHA
SEMINOLE
GULF OF MEXICO
CALUSA

INDIANISCHE SYMBOLE

Im Leben der nordamerikanischen Ureinwohner spielten Mythologie und Religion eine große Rolle. Ihre sichtbaren Zeichen – Riten und Symbole – verdeutlichen die Anliegen der Menschen: Es galt, die Erschaffung der Erde und der Menschen zu erklären, im Kontakt mit der übernatürlichen Geisterwelt die Natur günstig zu stimmen und persönliche Macht und Ansehen zu erlangen. Gegenstände wie die Medizinpfeife, Tiere und bestimmte Orte erhielten eine symbolische Bedeutung und sollten dem ganzen Stamm Nutzen bringen.

Im Schöpfungsmythos der Maidu Kaliforniens trieb auf den Fluten der Urzeit ein Floß mit der Schildkröte und dem »Vater der Geheimgesellschaft«. Bald schloss sich ihnen der »Erd-Eingeweihte« an, der von der Schildkröte aufgefordert wurde, das trockene Land, die Erde, zu erschaffen.

Die Medizinpfeife der Blackfoot (*links*) wurde beim ersten Donnergrollen im Frühling aus dem Medizinbündel hervorgeholt und diente als Talisman zum Schutz des Stammes.

Der Skeena-Fluss *(oben)*, Nordwestküste, wo sich dem Glauben der Gitksan zufolge die Begegnung mit übernatürlichen Mächten vollzog.

Im Schöpfungsmythos der Maidu heißt es, der Erd-Eingeweihte habe zusammen mit Kojote zunächst die Tiere der Erde und dann zwei Menschen geschaffen, einen Mann und eine Frau.

HEILIGES LAND

Charakteristisch für die indianische Symbolik ist die Verehrung der Natur. Die gesamte sichtbare Welt gilt als beseelt und lebendig. Symbolisch bedeutsam sind Kleidung und Artefakte, da die Eigenschaften der Tiere und Materialien, aus denen sie hergestellt sind, auf seinen Träger übergehen. Auch die Landschaft besitzt eine starke Symbolkraft: An heiligen Stätten auf Bergen und in Tälern, in Wüsten und an Flussläufen treten die Menschen mit den Kräften des Universums in Verbindung, um ihrem Stamm Wohlbefinden und Wohlstand zu sichern.

DIE ENTSTEHUNG DER STÄMME

Zwei symbolische Tiere tauchen in den Schöpfungsgeschichten der Ureinwohner Nordamerikas immer wieder auf: Kojote und Schildkröte. Der Kojote tritt häufig in Verbindung mit dem Alten Mann auf, der die Entstehung der Erde in Gang setzte. Auch die Schildkröte, die die Erde auf ihrem Rücken trägt, ist ein immer wiederkehrendes Motiv.

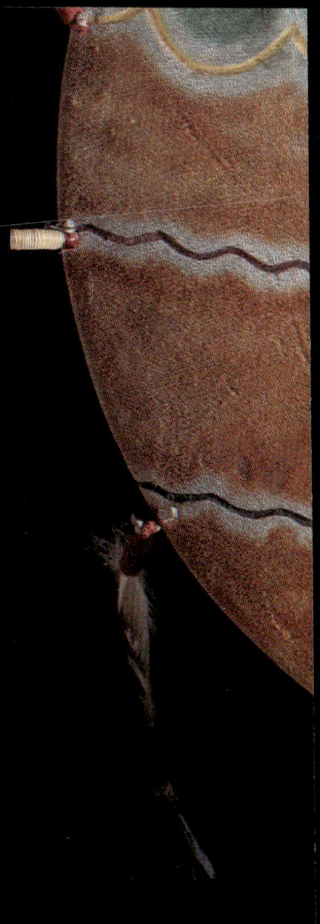

Die Schildkröte als Schutzschild *(rechts)* und als Beutel *(links)*; Cheyenne, Plains.

O-kee-pa

Der Stiertanz *(rechts)* – Teil der *O-kee-pa*-Zeremonie eines Mandan-Dorfes –, wie ihn der Künstler und Forscher George Catlin im Jahre 1832 auf einem Gemälde festhielt.

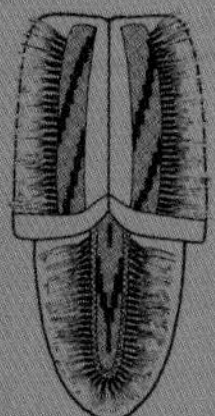

In *Mythen und Legenden erzählen die Stämme die Geschichte ihrer Entstehung und die Entstehung der Welt als Ganzes. Bei den Stämmen der Great Plains zum Beispiel spielten zahlreiche Zeremonien, darunter der berühmte Sonnentanz, auf die Entstehung und Erneuerung der Welt an. Das außergewöhnlichste Ritual war die* O-kee-pa-*Zeremonie der Mandan, die die Erschaffung der Welt und des Menschen und die Herausbildung des Mandan-Stammes zum Inhalt hatte. Der Kampf, aus dem der Stamm hervorging, wurde von freiwilligen jungen Männern dargestellt, die sich Hölzchen durch die Haut in Brust oder Rücken stießen und sich an Lederriemen im Gebälk des Festhauses aufhängen ließen.*

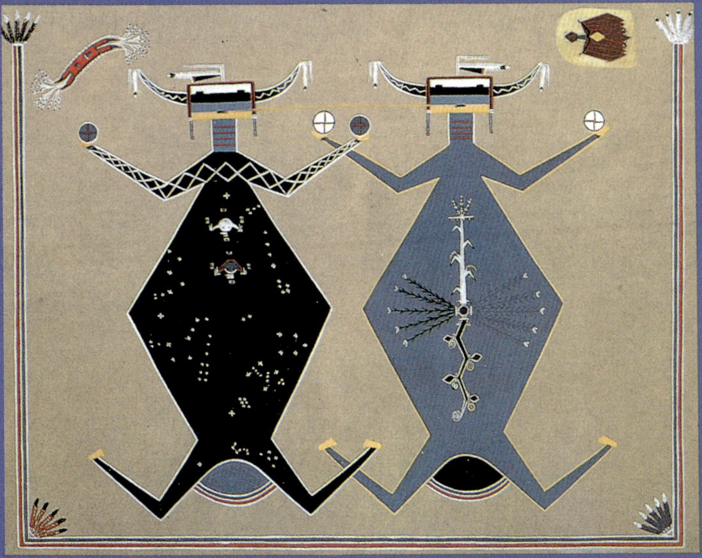

Mutter Erde (blau) und Vater Himmel (schwarz) in einer Sandmalerei der Navajo – eine Darstellung aus Anlass der Heilungszeremonie von Shootingway.

Mutter Erde und Vater Himmel

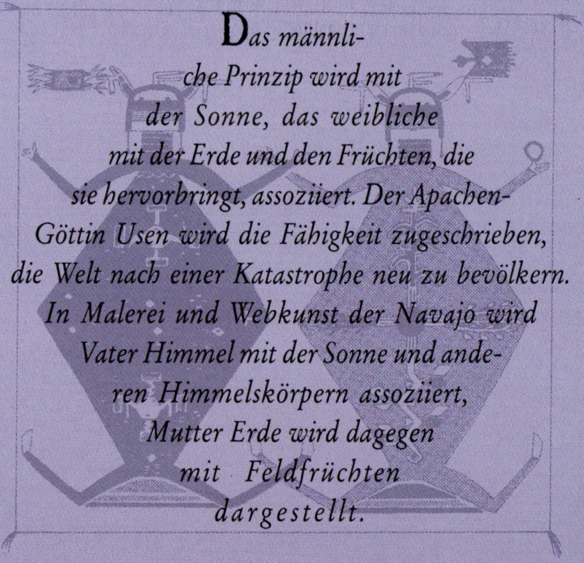

Das männliche Prinzip wird mit der Sonne, das weibliche mit der Erde und den Früchten, die sie hervorbringt, assoziiert. Der Apachen-Göttin Usen wird die Fähigkeit zugeschrieben, die Welt nach einer Katastrophe neu zu bevölkern. In Malerei und Webkunst der Navajo wird Vater Himmel mit der Sonne und anderen Himmelskörpern assoziiert, Mutter Erde wird dagegen mit Feldfrüchten dargestellt.

In der Mythologie der Zuni nahm der Urschöpfer Awonawilona die Gestalt der Sonne an und schuf die Wolken und das Meer, aus dem mit Hilfe des Sonnenlichts Mutter Erde hervorging.

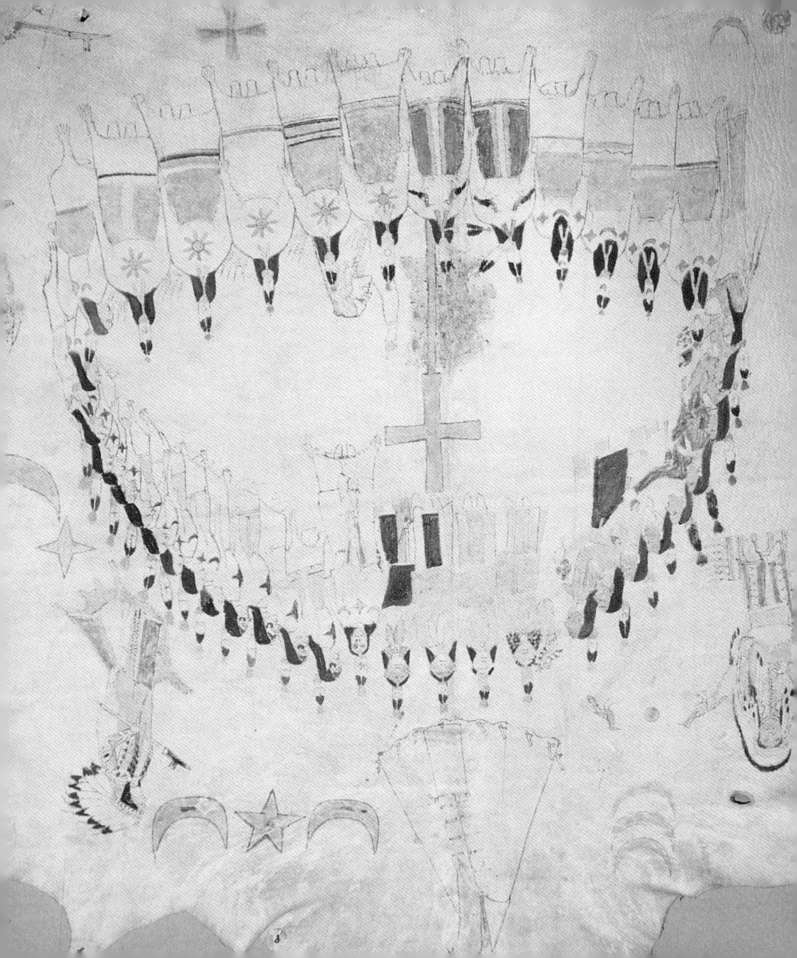

Der Sonnentanz

In der Vorstellung der Cherokee war die Sonne weiblich und wohnte jenseits des Himmelsgewölbes. Ihre Tochter lebte am Himmel unmittelbar über der Erde; jeden Tag wurde die Tochter von der Mutter besucht, die mit ihr zu Mittag aß.

Malerei auf Tierhaut *(links)* mit Darstellung der Zeremonie des Sonnentanzes; wahrscheinlich Sioux, Plains.

Das Selbstkasteiungsmotiv der O-kee-pa-Zeremonie findet man auch im Sonnentanz anderer Stämme der Plains. Traditionell wurde er zur Sommersonnenwende aufgeführt. Junge Männer stoßen sich kleine Holzspieße in Haut und Muskeln; an den Spießen hängen Riemen, die an einem Pfahl befestigt werden – ein Akt der Tapferkeit und des Erduldens im Ausgleich für die von der Sonne erhaltenen Wohltaten. Diese Geste des Dankes wurde mit der Bitte verbunden, dass sie auch in Zukunft dem Stamm ihre Gunst erweisen möge.

Zwillinge

Einem Mythos der Apachen und Navajo im Südwesten zufolge brachte die Erdmutter zwei Söhne – Zwillinge – zur Welt, die an der Schöpfung der Erde und des Menschen weiter arbeiteten. In den Schöpfungsmythen tauchen sie immer wieder auf und erinnern an die Zwillingsheroen der Maya-Mythologie, die treibende Kraft zu Beginn der Weltwerdung. Den Diegueño Südkaliforniens zufolge stiegen die beiden Brüder aus dem salzigen Urmeer auf, schufen das feste Land, den Mond und die Sonne und schließlich Mann und Frau.

Diese frühe Mogollon-Keramikschale *(rechts)* zeigt zwei symbolische Figuren, vermutlich sind das männliche und das weibliche Prinzip oder Leben und Tod dargestellt.

Manabozho, eine mythologische Heldenfigur, erhielt einen Zwillingsbruder in Gestalt eines Wolfes. Dieser ertrank eines Tages, als das Eis eines gefrorenen Sees unter ihm einbrach. Die Klageschreie des überlebenden Bruders verursachten ein Erdbeben, aus dem die Hügel auf der Erdoberfläche entstanden (Menomini, Nordosten).

Die Sterne am Firmament

Himmelsobjekte wie der Morgen- und der Abendstern spielen in der nordamerikanischen Mythologie eine große Rolle. Besonders die Pawnee brachten die Kosmologie in die Kultur der Great Plains ein, indem sie Himmelskarten aus Wildleder für Weissagungen und Zukunftsprophezeiungen verwendeten. Bei den Pawnee symbolisierten Menschenopfer vor 1878 den Sieg des Morgensterns über den Abendstern: Ein junges Mädchen des Stammes, die Personifikation des Abendsterns, wurde getötet, indem ihr ein Pfeil ins Herz gestoßen wurde; mit ihrem Tod gewann der Morgenstern die Herrschaft über den Himmel.

Kostüm *(links)* aus dem 19. Jahrhundert, das für den Geistertanz verwendet wurde; Arapaho, Plains.

Der Donnervogel

Hemd für den Geistertanz *(rechts)* mit einem Donnervogel. Ein Bild, welches der Weber im Zustand der Trance empfangen haben könnte, Plains.

Für die Chilcotin (Plateau) war der Donner der machtvolle Häuptling des Himmels; seine drei Töchter wurden von allen irdischen jungen Männern begehrt. Doch wer immer um die Hand einer der Töchter anhielt, wurde vom Donner in die Höhle eines Bären gelockt und getötet.

Eine überragende Symbolkraft hat das Donnergrollen. Gewöhnlich wird es als großer Vogel dargestellt, in den Plains als großer Adler mit geschlossenen Augen. Öffnete er sie, blitzte und donnerte es. In den Legenden der nördlichen Paiute wird es durch ein Dach repräsentiert, dem man die Macht zuschreibt, Donner, Blitz und Regen hervorzubringen. Zwei große Hörner am Kopf des Donnervogels symbolisieren seine gewaltigen übernatürlichen Kräfte. Auf dem Territorium des Stammes hat der Donnervogel sein Nest in den Bergen.

Baum und Totempfahl

In den Dörfern der Plains war ein zentraler Platz dem zeremoniellen Tanz vorbehalten. In der Mitte stand ein heiliger Zedernholzstamm, ein Totempfahl, der den Ersten Menschen und die Urahnen des Stammes symbolisierte. Bäume oder Pfähle wurden von vielen Stämmen als Quelle spiritueller Macht angesehen. Bei der Gründung des aus fünf Stämmen bestehenden Irokesenbundes wurde auf dem Territorium der Onondaga symbolisch ein großer Friedensbaum aufgestellt, ein Totempfahl, der auch als Versammlungsort diente. Die nordöstlichen Stämme betrachteten den Friedensbaum zuweilen als direkt aus dem Rücken der Schildkröte, der Weltenschöpferin, emporwachsend.

Zeremonielle Totempfähle an der Nordwestküste *(links)*; Detail *(unten)* eines »Mannes der Wildnis« – so der spirituelle Name eines Häuptlings –,

in diesem Fall eine besonders große Figur vor einem Potlatch-Haus; Tsimshian, Nordwestküste.

SPIRITUELLE KRÄFTE

Um in einer Welt, die auch böse und bedrohliche Züge trug, Überleben, Wohlstand und Gedeihen zu sichern, waren die Indianer Nordamerikas bestrebt, sich die zahllosen Geister gewogen zu machen, die ihr Universum bevölkerten. Diese spirituellen Kräfte konnten unsichtbar in der Natur oder als an besonderen Stätten wohnende Geister wirken. Sichtbarere Formen nahmen sie in der Gestalt von Tieren an, die jeweils bestimmte Eigenschaften verkörperten. Die spirituelle Kraft dieser Tiergeister konnte sich der Einzelne »einverleiben«, indem er machtvolle Teile dieser Lebewesen auf seine Kleidung heftete.

Der Kriegerkopfschmuck mit Büffelhorn und Raubvogelfedern *(rechts)* sollte die spirituellen Kräfte dieser Tiere auf denjenigen übertragen, der ihn trug; Blackfoot, Plains.

Naturgeister

Allem, jedem belebten und unbelebten Teil dieser Welt, wurde Geist eingehaucht. Die Stämme im Südwesten, besonders der Zuni und der Hopi, kannten Geister, die in Naturerscheinungen wohnten. Sie waren für Fruchtbarkeit, Regen und die Aufrechterhaltung der Weltordnung zuständig. Ihre Anwesenheit wurde in Tänzen gefeiert, man dankte ihnen so für erwiesene Wohltaten und bat um Gesundheit und Wohlstand. Unter den Naturkräften gab es auch böse Mächte, die Unwetter und Unheil verursachten; wohltätige Mächte wiederum machten sich die Schamanen zunutze, um ihr magisches Potenzial zu steigern.

Eine Kachina-Puppe der Zuni *(links)*. Die Zuni und die Hopi kannten so genannte Kachinas, Geister von Verstorbenen, die für bestimmte Zeiten den Stamm aufsuchen. Sie brachten Wohlstand und Glück und wurden deshalb in Tänzen und Zeremonien gefeiert.

Kleine Leute und Unsterbliche

Die Völker des Südostens, besonders die Cherokee und Choctaw, wurden in den Dreißigerjahren des 19. Jahrhunderts gezwungen, ihr traditionelles Siedlungsgebiet aufzugeben und sich in Oklahoma neu anzusiedeln. Auf dem »Pfad der Tränen« konnten sie Trost aus ihrem reichen Legendenschatz schöpfen: Unter anderem wird von Stammesmitgliedern erzählt, die in der Wildnis von guten Geistern, den so genannten Kleinen Leuten, gerettet und mit Nahrung und Kleidung versorgt wurden. Zu den Schutzgeistern zählten weiterhin die nunnchi, *die Unsterblichen, die in Seen und Felsen hausten und vergebens versuchten, den Stamm für den weißen Mann unerreichbar zu machen.*

Diese hölzerne Booger-Maske *(rechts)* wurde von den Cherokee bei einem Tanz getragen, mit dem die Europäer abgeschreckt und vertrieben werden sollten.

Adler und Habicht

Die Schnitzerei eines Adlers auf der Spitze eines hohen Begräbnispfahls der Haida im Nordwesten ist ein machtvolles Zeugnis für die Symbolkraft großer Vögel. Die Hopi weiter südlich glaubten an eine Art Adlerhimmel, in dem die Vögel ihre Eier ausbrüteten, ehe sie zur Erde zurückkehrten. Die Sioux der Plains hefteten sich Adler- und Habichtfedern an ihre Kriegsausrüstung und ihren Kopfschmuck, um sich die Furcht erregenden Kräfte dieser Vögel anzueignen. Adler und Habicht wurden bei vielen Stämmen auch mit dem allmächtigen Donnervogel in Verbindung gebracht; durch Federhauben übertrugen die Cherokee die Eigenschaften des Vogels auf sich.

Adlerkopf als Kopfschmuck *(oben)* mit Augen aus Abalonschalen; Tsimshian, Nordwestküste. Jede einzelne Feder dieser Kriegshaube des Häuptlings Yellow Calf *(rechts)* steht für ein im Kampf errungenes Verdienst; Arapaho, Plains.

CHIEF S
COMM
HOU
FORT

Bären

Jedes Tier hatte für die Indianer Nordamerikas eine symbolische Dimension. Viele dieser Tiere, insbesondere der Bär, wurden mit dem Menschen in Verbindung gebracht und galten als dessen Helfer und Beistand. Einige Stämme Kaliforniens betrachteten den Bären als dem Menschen so ähnlich, dass sie sein Fleisch nicht aßen. Sie machten aus dem Fell Kleider und übertrugen so seine Eigenschaften auf sich. Die Bewohner der Nordwestküste richteten vor der Jagd ein Gebet an den Bären; der Kopf und das Fell des erlegten Bären wurden feierlich zur Schau gestellt.

Eingang zu einem Gemeinschaftshaus auf Shakes Island *(links)* mit der Darstellung der Vagina der Bärenmutter, die als Totem verehrt wurde; Tlingit, Nordwestküste.

Weit verbreitet sind Legenden von Menschen, die sich mit Tieren paaren: von Büffel-, Bären- und Hirschfrauen, Adler- und Walmännern. Die Blackfoot erzählen von einer jungen Frau, deren Liebhaber ein Bär war; er wurde von ihrer Familie erlegt, worauf die rachsüchtige Tochter ihre ganze Familie tötete.

Wölfe

Der Wolf als grausamer Jäger besitzt für die Stämme der Plains ebenfalls eine mythologische Dimension. Bei den Blackfoot spielt er in Erzählungen über die Erschaffung der Welt durch den Alten Mann eine Rolle: Der Alte Mann gestaltete mit Hilfe des Wolfes die Erdoberfläche: Überall, wo der Wolf, durch den Urschlamm schreitend, innehielt, entstand ein Tal; aus der übrigen Erdoberfläche gingen Berge und Ebenen hervor. Das Klookwana-Ritual, das in der Winterzeit an der Nordwestküste praktiziert wurde, war ein Zeremonialtanz, bei dem die Initiierten von übernatürlichen Wölfen entführt und von den Dorfbewohnern durch Tanz zurückgeholt wurden.

Eine sehr frühe Darstellung eines Wolfskopfes *(rechts)*; entstanden zwischen 800 und 1440 n. Chr.; Südosten.

Schlangen

Einer der eindrucksvollsten Orte Nordamerikas ist der Schlangenhügel (Serpent Mound) auf einer Erhebung in Ohio: eine Erdaufschüttung von einem halben Kilometer Durchmesser in Form einer Schlange, die einen halbkugelförmigen Hügel im Maul hält. Die Monumentalität dieser Schöpfung verweist auf die zentrale Stellung der urzeitlichen Großen Schlange in der Symbolik Nordamerikas.

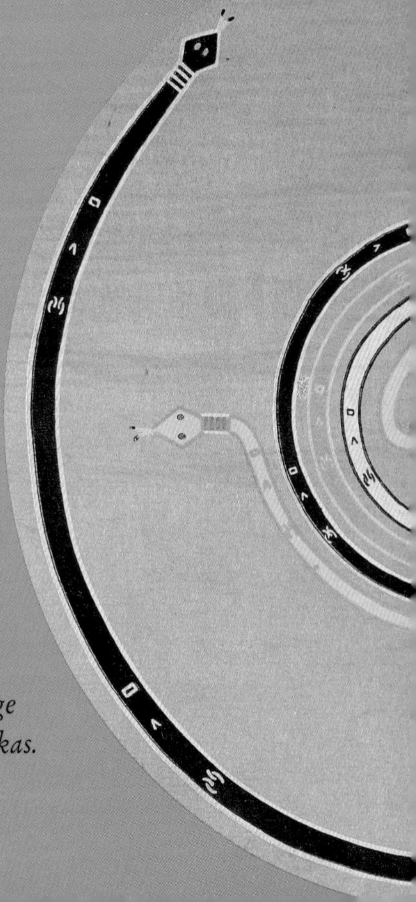

Schlangen, besonders die Klapperschlange, wurden von den Völkern des Südwestens sehr verehrt: Sandmalerei der Navajo *(links)*.

Ein Hopi-Schamane mit Schlangen in der Hand *(oben)*, der sich auf den berühmten Schlangentanz vorbereitet. Mit diesem Tanz wurde um Sommerregen gebetet.

Büffel

Zu den zahlreichen Übergriffen der immer weiter nach Westen vorrückenden weißen Siedler, unter denen die Indianer der Plains zu leiden hatten, gehörte auch die Dezimierung der großen Büffelherden. Für die Völker der Plains war der Büffel ein mächtiges und wohltätiges Symbol; schließlich bot er ihnen mit seinem Fleisch und seinem Fell Nahrung, Kleidung und Schutz. Es gab jährliche und halbjährliche Jagden, an denen der ganze Stamm teilnahm und mit vereinten Kräften eine Büffelherde in ein Gehege trieb oder einen Felsen hinabstürzte.

Eine mit einem Büffelmotiv verzierte Rassel *(links)*;

solche Rasseln wurden benutzt, um die Laute der Tiere nachzuahmen, mit denen die Teilnehmer einer Zeremonie in Kontakt treten wollten; Great Plains.

Nach einer Legende der Comanche waren alle Büffel ursprünglich im Besitz einer alten Frau und ihrer jungen Cousine; doch dem Kojoten gelang es, ein kleines Tier in ihren Pferch einzuschmuggeln, das derart durchdringend heulte, dass die Büffel ausbrachen und sich über die ganze Erde verstreuten.

Der Trickster-Rabe

Ein weiteres mit schöpferischen Kräften begabtes mythologisches Tier ist der Rabe, ein Trickster, der insbesondere bei den Völkern der Nordwestküste eine große Rolle spielte. Als Kulturheros hatte er die Stellung eines zweiten Schöpfers inne, der unter anderem Sonne, Mond und Sterne entstehen ließ. Der Trickster galt als Schelm und Unhold, als trickreicher Nahrungsdieb und Liebhaber. Petrel, ein Unsterblicher, ließ ihn für seine Schandtaten büßen, indem er ihn einen Baum hinaufjagte und unten ein Feuer entfachte, so dass die Federn schwarz angesengt wurden. Deshalb sind die Federn des Raben bis auf den heutigen Tag schwarz.

Eine Truhe aus Argillit, geschnitzt von Charles Edenshaw, dem bekanntesten Künstler der Haida im späten 19. Jh. *(rechts)*.

Der Rabe auf dem Deckel trägt menschliche und tierische Züge – er ist Trickster und Kulturheros zugleich; Nordwestküste.

Geweih tragende Tiere

Zu den Tieren, die spirituell eine besondere Rolle spielten, zählen die großen Geweih tragenden Säugetiere: Hirsch, Karibu und Elch. In Nordwestkalifornien wurde mit dem Weißhirschfell-Tanz, der zwei Wochen lang dauerte, die Erneuerung der Welt gefeiert. Für die Krieger der Plains symbolisierte der Elch die erstrebenswerten Eigenschaften eines

jungen Mannes: Schönheit, Stärke und offenbar auch die Fähigkeit, die Zuneigung von Frauen zu gewinnen. Daher auch die Verknüpfung des Elchs mit dem Werberitual, das die Sioux praktizierten. Weiter nördlich bei den Inuit der arktischen Region wurde das Karibu als Fleischlieferant verehrt.

Eine Servierplatte *(links)* mit drei Darstellungen eines Karibus; Inuit, arktische Region.

Pferde

Das Pferd fand erst relativ spät Eingang in die Kultur der Plains, wurde jedoch zu einem der großen Symboltiere der mächtigsten Stämme im Zentrum des Kontinents. Mit seiner Einführung in Nordamerika wurden Bauern, die an ihr Dorf gebunden waren, zu büffeljagenden Nomaden, was letztlich zur Herausbildung von Kriegerverbänden führte, die 1876 in der Schlacht am Little Bighorn River ihre große Stunde hatten. Spanische Konquistadoren führten das Pferd im Südwesten ein; zuerst wurde es von den Völkern des Hochbeckens und des Plateau eingesetzt und fand besonders in die religiöse Symbolik der Nez Percé Eingang.

Die Völker des Plateau und insbesondere die Nez Percé übernahmen als Erste das Pferd. Sie züchteten eine als »Appaloosa« bekannte Art, die es noch heute gibt.

Bemalte Tierhaut *(rechts)* mit der Darstellung eines Pferderaubzugs; Great Plains.

Wassertiere

Gewässer und ihre Lebewesen kommen in vielen Schöpfungsmythen vor. In den mythologischen Vorstellungen der Stämme des Südostens wirbelte der Wasserkäfer den Urschlamm auf und erschuf daraus die Erde, und die Wasserspinne brachte das Feuer. Die Dakota, Bewohner des Binnenlandes, fürchteten die Ungeheuer aus den Tiefen des Wassers, die sie als Feinde des Donnervogels betrachteten. Die Küstenvölker des Nordwestens besaßen die umfassendste und komplexeste Wasser-Symbolik. Die Tlingit und die Haida verehrten den Killerwal und glaubten, die Ertrunkenen verwandelten sich selbst in Killerwale.

Eine Schamanenrassel *(links)* in Form eines Killerwalkopfes; Haida, Nordwestküste.

Die Tahltan der subarktischen Region erzählen die Geschichte einer Fischersfrau, die unbeabsichtigt einen Killerwal tötete. Die anderen Killerwale ziehen sie daraufhin ins Meer hinab und machen sie zu ihrer Sklavin. Erst mit Hilfe eines Hais gelingt es dem Fischer, seine Frau zu befreien.

DIE GUTE ERDE

In ihren Mythen, Legenden und Symbolen drückten die Menschen ihre Dankbarkeit für den Reichtum und die Fruchtbarkeit der Erde aus. Tiere, Pflanzen, die ganze Erde waren von Geistern beseelt und standen mit den Menschen ihres jeweiligen Territoriums in Beziehung. Diese Sichtweise der Natur war bei den Indianern der Plains besonders stark ausgeprägt, vielleicht aufgrund der Monumentalität ihrer Landschaft – der Hügel, Täler und Flüsse mit ihrem großen Bestand an wilden Tieren. Der mächtige Himmel, der sich über diese Landschaft wölbt, galt selbst wiederum als ein Symbol für die Kraft des Universums.

Die eindrucksvolle Landschaft der Great Plains *(links)*; indianisches Territorium in Wyoming.

Heilige Berge

Dominanten Erscheinungsformen der Natur, etwa den Bergen, wurden außergewöhnliche spirituelle Kräfte zugeschrieben. Den Blackfoot in Montana zufolge verdankt der Chief Mountain seine Existenz dem Alten Mann, der diesen Berg schuf, um dem Großen Geist seine Macht zu beweisen. Den Mount Hood in Oregon betrachteten die Cayuse als Ursprung des Feuers.

Der Chief Mountain im nördlichen Montana *(rechts)* war für die Blackfoot ein heiliger Ort; zu diesem Berg pilgerten sie, um mit den Geistern in Verbindung zu treten.

Ursprünge

Jener Ort, den ein Stamm als seinen Ursprungsort betrachtete, nahm in der Mythologie dieses Stammes eine zentrale Stellung ein. Für die Hopi der Wüste des Südwestens war dieser Ort der Grand Canyon, wohin die Ahnen nach ihrem Tod zurückkehrten und mit ihrem Schöpfer in Kontakt traten.

Sandmalerei der Blessingway-Zeremonie *(rechts)*, in der der Ursprung der Navajo gefeiert wird, Südwesten.

Folgende Doppelseite: Der Grand Canyon ist für die Navajo, die hier ihren Ursprung sehen, ein heiliger Ort.

Visionen

Insbesondere bei den Völkern der Plains spielten innerhalb ihres Territoriums erhöht gelegene heilige Orte bei der Initiation junger Männer eine große Rolle. Nach dem Reinigungsritual im Dorf oder in einem Lager außerhalb des Dorfes begab sich der junge Mann an einen entfernten Ort, etwa auf den Gipfel eines Berges, um die unwirtlich-rauen Bedingungen eines Lebens in der freien Natur am eigenen Leib zu erfahren, um zu fasten und mit den Geistern in Verbindung zu treten. Dieses Streben nach visionärer Schau konnte sich in späteren Lebensabschnitten wiederholen, besonders wenn das Individuum sich schamanistische Kräfte aneignen wollte. Auch innerhalb der Gemeinschaft konnte in eigens dafür errichteten Hütten die spirituelle Reinigung stattfinden.

Das Rahmenwerk der Schwitzhütte *(links)* auf dem Mount Butte, South Dakota, wo die Initianten um Feuerstellen saßen, in denen Steine zum Glühen gebracht wurden. Die heißen Steine wurden anschließend mit Wasser besprengt und der aufsteigende Dampf sollte die Reinigung vollziehen und die Kommunikation mit den Geistern erleichtern; Great Plains.

Wasserfälle

Das grandiose Naturschauspiel der Niagarafälle symbolisierte für die Irokesen des Nordostens nichts Geringeres als den Sieg des Guten über das Böse. Die Wasserfälle entstanden dieser Vorstellungswelt zufolge nach dem Sieg des Donners über ein Ungeheuer in Gestalt einer Wasserschlange, die einem Seneca-Dorf Krankheit und Unglück brachte. Die Schlange wurde durch Blitzstrahlen des Donners getötet und ihr Kadaver als Felsgestein im Niagara-Fluss eingeschlossen. Von nun an ergossen sich die Wassermassen des Flusses in einer großartigen Kaskade über diese Felsformation.

Der Triumph des Guten über das Böse: ein Sieg, der in Gestalt der Niagarafälle *(rechts)* symbolisch verkörpert ist.

Das Meer

Der natürliche Reichtum und die Fruchtbarkeit des Landes, die in den Mythen und Legenden der Völker der Plains ihren Ausdruck fanden, haben eine Parallele in den Meeresmythen und in der Symbolik der Stämme an der Küste. Für sie ist das Meer seit undenklichen Zeiten die Hauptnahrungsquelle. Bei den Tlingit, den Tsimshian und den Haida bringt ein Meeres-ungeheuer Wohlstand; seine Klauen und Zähne sind aus Kupfer, dem Symbol für den Reichtum des Landes. Das Meer selbst wird mit Überfluss in Verbindung gebracht, der auf den »Großen Häuptling unter dem Wasser« zurückgeführt wird. Dieses alles beherrschende übernatürliche Wesen trug den Namen »Copper Maker« (Kupfermacher).

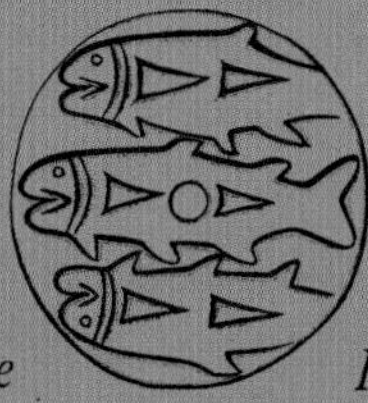

Der Legende zufolge schuf der Rabe diese Inseln *(links)* aus der Gischt, die er in den Urfluten aufwirbelte; Haida, Queen-Charlotte-Inseln, Nordwestküste.

SCHAMANISTISCHE ZEREMONIEN

Der berühmteste Schamane oder »Medizinmann« war Sitting Bull von den Teton Dakota. Als Kriegsführer galt er als mit übernatürlichen Kräften begabt, besonders nachdem er mit Crazy Horse in der Schlacht am Little Bighorn River 1876 General Custer besiegt hatte. Die Ermordung von Sitting Bull im Jahr 1890 war der Auslöser für das Massaker am Wounded Knee. Die Kunst des Schamanen bestand darin, sich Kräfte anzueignen, indem er mit Geistern, häufig Tieren, in Kontakt trat.

Zur Ausstattung eines Schamanen gehörten Amulette *(oben)*, die jene Lebewesen darstellten, aus denen er seine Kraft schöpfen wollte; in diesem Fall ein Vogel mit einem Menschengesicht. Weitere Gegenstände waren Rasseln, Halsbänder und Kronen aus Bärentatzen *(rechts)*. Tsimshian, Nordwestküste.

Der Medizinmann

Die Figur *(rechts unten)* eines Schamanengeistes, der seinen Körper verlässt, um andere Regionen der Welt aufzusuchen; Eskimo, arktische Region. Diese Holzschnitzarbeit eines Eskimos *(links)* zeigt einen Schamanen mit zwei Helfern in Tiergestalt; neben ihm eine Trommel, mit der er die Geister ruft.

Folgende Doppelseite: Eine elegant geschnitzte Schamanenpfeife *(links)*; Eskimo, arktische Region.

Die Vorratskiste eines Schamanen mit der Darstellung des Mondes *(rechts)*; Tsimshian, Nordwestküste.

Überall, im tiefsten Süden wie im äußersten Norden des Kontinents, bestand die Hauptaufgabe des Schamanen darin, das Wohlbefinden des ganzen Stammes wie auch die Gesundheit der einzelnen Stammesmitglieder zu gewährleisten. Der Schamane hatte die überlieferte Symbolik zu deuten und die Welt zu erklären; er musste für das Gedeihen der Ernte sorgen, das Wetter und die Zukunft vorhersagen. Er übernahm auch Aufgaben als Arzt und half bei Gebrechen und Schmerzen aller Art.

Seelenfänger

B*ei seinem Bemühen um das Wohlbefinden der Stammesgemeinschaft bediente sich der Schamane zahlreicher Hilfsmittel. Das gemeinsame Rauchen einer Pfeife war ein Friedenszeichen und diente auch zur Besiegelung einer Vereinbarung. Bei der Heilung Kranker war das wichtigste Hilfsinstrument der Seelenfänger, um die Seele in den Körper des Kranken zurückzuholen; man glaubte nämlich, dass die Seele aus dem Körper entwichen sei und Gesundheit nur durch ihre Rückkehr in den Körper wiederhergestellt werden könne.*

Seelenfänger *(links)* aus Knochen und Abalonschalen; Tlingit, Nordwestküste.

Ein besonders wirksamer Talisman: ein auf einen Holzring gespannter Skalp *(unten)*; Great Plains.

Besondere Orte

Selbst die Nomadenvölker Nordamerikas erbauten Hütten, die teils mit aufwendig gestalteten Totempfählen bestückt waren. Hier fanden Festveranstaltungen, Tänze und schamanistische Riten statt. Im Gebiet des Winnipeg-Sees befanden sich zahlreiche heilige Orte, die mit der Great Medicine Society in Verbindung standen; diese Gesellschaft war, wie der Name nahe legt, damit betraut, die heilenden Kräfte des Schamanen zu fördern. Das außergewöhnlichste Beispiel für eine solche Zeremonialhütte sind die kreisförmig angeordneten Blöcke auf dem Medicine Mountain in Wyoming, ein »Medizinrad« (wahrscheinlich das Relikt einer Sonnentanz-Hütte).

In gewöhnlichen Wohnhütten wie etwa dem Langhaus *(links)* der Haida, Nordwestküste, wurden im Winter heilige Zeremonien abgehalten (Rekonstruktion).

Das Medizinbündel

Nicht nur im Kontakt mit den Seelen der verschiedenen Tiere konnte man sich deren Macht und Stärke aneignen. Die erstrebenswerten Eigenschaften der Tiere wurden auch durch das Tragen von Fellen oder Federn übertragen. Haut, Skelett, ja der ganze Kadaver eines Tieres oder Vogels wurden in ein Tuch eingewickelt und dieses Bündel während der Zeremonie an Riemen aufgehängt. Die Crow maßen solchen Bündeln mit Adlerskeletten große Bedeutung zu; bei den Blackfoot war das Biberbündel bedeutsam.

Das Medizinbündel eines Wiesels *(oben)*; Crow, Great Plains.

Masken wie diese *(rechts)* wurden bei den Ritualen der Great Medicine Society verwendet, um die Geister zu besänftigen; Irokesen, Nordosten.

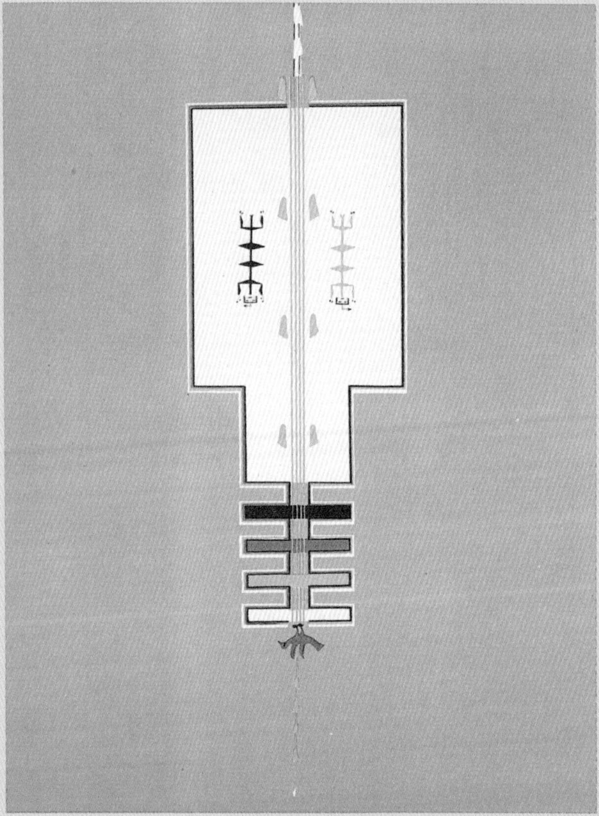

Sandmalerei

Auch durch die Sandmalerei konnte man mit den Geistern in Verbindung treten. Sie wird von den Völkern des Südwestens, insbesondere von den Navajo, gepflegt. Die handwerkliche Tradition der Navajo, die bis auf den heutigen Tag lebendig ist, kommt in erlesenen Webarbeiten und in ungewöhnlichen Sandmalereien zum Ausdruck. Normalerweise wurden sie auf dem Boden des Wohnhauses (Hogan) hergestellt, mit Sand und Kohle als Grundmaterialien. Die dargestellten Figuren waren jene Geister, die während der Zeremonie angerufen werden sollten.

Sandmalerei aus dem frühen 20. Jahrhundert *(links)* mit der Darstellung der Schöpfung; Navajo, Südwesten.

Heilige Tänze

Der indianische Tanz hat eine ungeheure symbolische Ausdruckskraft. Im Tiertanz wurden die Gaben der Natur gefeiert. Indem der Tanz die Taten der Ahnen und damit die Entstehung des eigenen Stammes darstellte, garantierte er den Zusammenhalt der Gemeinschaft. Er sicherte den Nomaden eine erfolgreiche Jagd und den Bauern eine gute Ernte. Keramikfunde der Hohokam-Kultur in der Wüste Arizonas, aus der die Pima und Papago hervorgingen, zeigen Zeremonialtänzer mit symbolträchtigem Haarschmuck, die die Kräfte der Natur erflehen. Zahlreiche Legenden Nordamerikas sind mit diesem Tanz verbunden.

Der Tanz, der höchste symbolische Ausdruck für das Wohlergehen einer Gemeinschaft, gezeichnet von John White in Virginia im späten 16. Jahrhundert *(oben)*; *rechts* eine Tonscherbe (500-900 n. Chr.); Hohokam-Kultur, Snaketown, Südwesten.

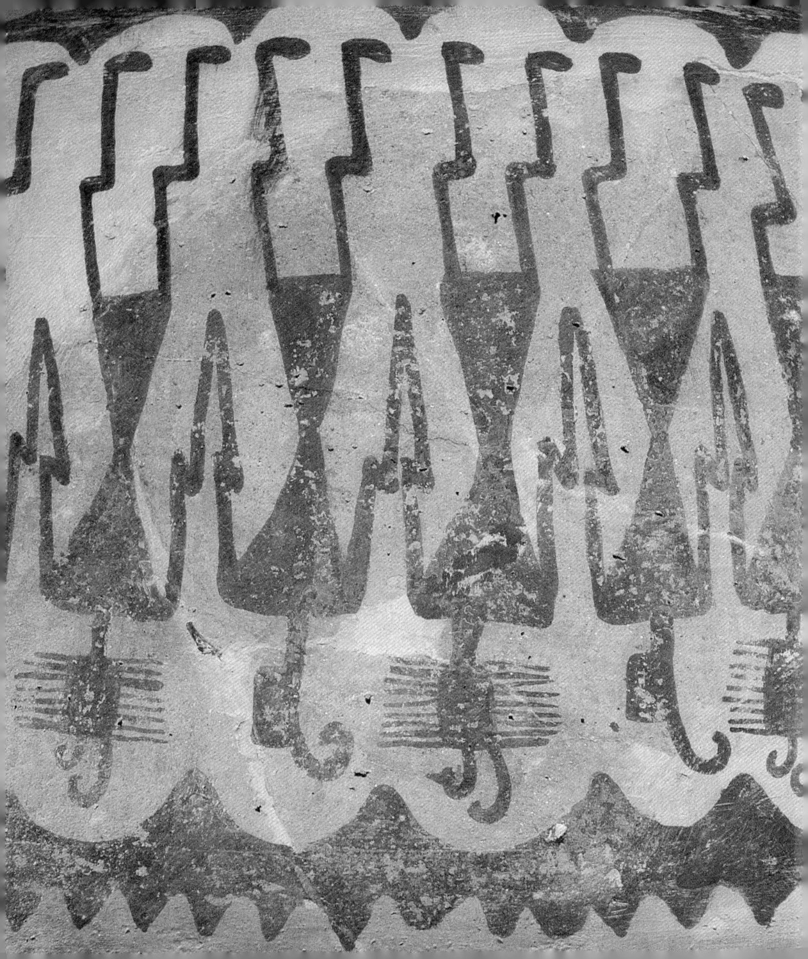

Bildnachweis

Mit freundlicher Genehmigung der Anschutz Collection 13; Tony Campbell 61; E. C. Curtis 4, 39; Werner Forman Archive 8, 24, 25, 34, 50, 53, 58, 62, 67, 71, (Alaska Gallery of Eskimo Art) 68, (Maxwell Museum of Anthropology, Albuquerque) 18, (Anchorage Museum of History and Art) 66, (Arizona State Museum) 79, (Museum für Völkerkunde, Berlin) 27, 74, (Field Museum of Natural History, Chicago) 11, (Plains Indian Museum, Buffalo Bill Historical Center, Cody, Wyoming) 2, 6, 10, (British Museum, London) 33, (Museum of the American Indian, Smithsonian Institution, New York) 23, 40, 44, 47, (Private Collection, New York) 75, (National Museum of Man, Ottawa, Ontario) 48, 65, 70, (University Museum, Philadelphia) 37, (Haffenreffer Museum of Anthropology, Brown University, Rhode Island) 16, (University of British Columbia, Vancouver) 72, (Provincial Museum, Victoria, British Columbia) 32, 43, 64, 69; Copyright British Museum, London 78; The Museum of the American Indian, Smithsonian Institution, New York 20; *Sandpaintings of the Navajo Shooting Chant* by Franc J. Newcomb 1938, 38-39; Sally Nicholls 56-57; Private Collection 31, Museum of Navajo Ceremonial Art, Santa Fe, New Mexico 55, 76; The Wheelwright Museum of the American Indian, Santa Fe, New Mexico 13; Museum für Völkerkunde, Wien 28; *North American Indian Designs* by Eva Wilson 1984, 1, 9, 12, 22, 35, 36, 41, 45, 46, 49, 63.

Frontispiz: Mit diesem Halsband, der Pfote eines Grizzlybären, versuchte man sich die Kraft des Tiergeistes anzueignen. Fox, Great Plains.

Published by arrangement with Thames and Hudson, London
Aus dem Englischen von Rita Seuß

Printed and bound in Slovenia
ISBN 3-7607-1747-0